Deseo agradecer a tantas personas que han contribuido a la serie de libros de Ana a lo largo del proceso. Dedico este libro a la memoria de mis padres, a mi esposo Adelfino y a toda mi familia por su amor y apoyo.

—R.A.P.

SOMOS UNO BOOKS
1121 Morgan Avenue
Corpus Christi, TX 78404
Copyright © 2023 by Somos Uno, LLC
Todos los derechos reservados, incluido el derecho de reproducción total o parcial en cualquier forma.
SOMOS UNO BOOKS es una marca registrada de Somos Uno, LLC
El logo de SOMOS UNO es una marca registrada de Somos Uno, LLC

Para obtener información sobre descuentos especiales para compras al por mayor o para reservar un evento, comuníquese con Somos Uno, LLC al 1-361-271-3886 o sales@somosunollc.com
Producido por Sumya Ojakli
Ilustrado por Virginia Allyn
Diseño del libro por Becky Terhune
El texto de este libro está escrito en fuente Neuzeit Grotesk
Las ilustraciones de este libro fueron reproducidas en Photoshop
Editado por Phyllis Baecker y Sarah Jane Abbott
Traducido por Eduardo Aragón
Fabricado en los Estados Unidos de América

Primera edición
10 9 8 7 6 5 4 3 2 1
Noviembre de 2023

Palacios, Rebecca. noviembre de 1953- autora
El tercer cumpleaños de Ana, Rebecca Palacios. - Primera edición.
Resumen: La serie Ana, escrita por la Dra. Rebecca A. Palacios, Ph. D. ofrece una serie simple pero conmovedora para involucrar a las familias y sus hijos en la lectura en voz alta juntos en casa, así como para que los maestros la usen para ayudar a alentar amor por aprender en casa y en la escuela. La serie enseña lo básico sobre el amor por el aprendizaje, los puentes culturales, la importancia del lenguaje dual, la participación familiar, la preparación escolar y las estrategias docentes que se pueden aplicar en el hogar.

ISBN 979-89884633-9-9 (libro en rústica)
1. Conceptos/Ficción General 2. Familia/Ficción multigeneracional Diversidad y Multiculturalidad

EL TERCER CUMPLEAÑOS DE ANA

por
Dra. Rebecca A. Palacios, NBCT

illustrado por
Virginia Allyn

Somos Uno, LLC

Temprano el 18 de agosto, Ana Salinas se despertó oliendo tocino. ¡Mmm! Le encantaba el tocino.

De repente, Ana abrió los ojos enormemente mientras gritaba: "¡Es mi cumpleaños! ¡Hoy es mi fiesta!". Hoy es el día que tanto había esperado. Ana no podía recordar su último cumpleaños. Hoy ella cumplía tres años.

Ana caminó hacia la cocina donde su papá estaba cocinando tocino y su mamá estaba batiendo la masa para su pastel de cumpleaños. Santino, el perro de Ana, esperaba que alguien le diera un poco de tocino.

"Ana, ¡feliz cumpleaños!", exclamaron su mamá y su papá. Ambos se apresuraron a abrazarla. Ana estaba tan feliz.

"Mamá, ¿va a haber globos en la fiesta? Por favor, quiero globos", Ana suplicó.

La señora Salinas sonrió y dijo: "Vas a tener que esperar y ver. Queremos darte una sorpresa".

"Pero mamá, por favor. ¡Quiero globos!", Ana repitió.

"Ana, tienes que ser paciente. Tendrás que esperar y ver. Pero te puedo asegurar que sí va a haber pastel. Estoy haciendo tu pastel favorito, de fresas con betún de chocolate".

En ese momento, su abuela María, y la hermana mayor de Ana, Irma, entraron a la cocina.

"¡Feliz cumpleaños, Ana!", gritaron y abrazaron a Ana.

"Abuelita María", ¿dónde estaban?", preguntó Ana.
"¿Estaban Irma y usted inflando globos para mi fiesta?".
"Ana", respondió la abuela María, "eres muy curiosa.
Queremos darte una sorpresa con muchas cosas.
Vas a tener que esperar para que veas".

Ana no estaba muy contenta. Ella no quería esperar. Ella quería globos.

15

Después del desayuno, la abuela María llevó a Ana a la casa de Estela Gonzales, la mejor amiga de Ana. Estela iba a cumplir tres años en noviembre.

Jugaron con muñecas y bloques mientras que la mamá de Estela las cuidaba. El hermano de Estela, Daniel, jugaba con los Legos en una mesa cerca de ellas. Él era mayor que Estela y amigo de Irma, la hermana de Ana. Peter, el gato de Daniel y Estela, estaba dormido en su tapete favorito.

Mientras tanto, la familia Salinas estaba ocupada preparándose para la fiesta de cumpleaños.

La señora Salinas estaba poniendo el betún de chocolate al pastel de Ana, mientras que Irma envolvía los regalos.

La abuela María estaba llenando las bolsitas con galletitas de pan de polvo para la fiesta. El señor Salinas estaba llenando una piñata en forma de unicornio con dulces que no se derriten con el calor. ¡Agosto siempre es un mes tan caliente que todo se derrite!

La fiesta iba a ser afuera, en el Parque Splash, a un lado de un pabellón techado.

La abuelita Rosa y la tía Isabela habían venido desde México para darle una sorpresa a Ana, y ya estaban en el parque preparando las mesas.

A las 10:00 de la mañana, la abuela María fue a la casa de Estela a recoger a Ana. La señora Gonzales dijo: "Ana, nos vemos en tu fiesta en una hora. Estela está bien contenta de ir".

Estela bailaba de emoción con sus colitas que se movían de un lado a otro y sus ojos brillantes. Se sonrío y dijo: "¡Me encantan las fiestas!".

En casa, la abuela María ayudó a Ana a ponerse su traje de baño nuevo de color rosa y blanco con un unicornio.

Mientras que Ana se vestía, le preguntó:

"¿Va a haber globos en la fiesta?

Quiero globos. Por favor, quiero globos".

La abuela María dijo: "Ana, ¡vas a tener que esperar y ver!".

Pronto, iban en camino al parque. En el instante que llegaron al Parque Splash, Ana vio a la abuela Rosa y la tía Isabela. ¡Esa fue la primera sorpresa! Ella corrió desde el carro hasta el pabellón para darle a las dos un gran abrazo.

"¡Feliz cumpleaños, Ana!", dijeron las dos.

La tía Isabela agregó, "Me encanta tu traje de baño de unicornio. ¡Qué bonito está!".

Mientras que la familia terminaba de preparar todo, los amigos de Ana empezaron a llegar.

Por fin Ana vio a Estela llegar con su mamá, su papá y Daniel. ¿Y qué era lo que Estela y el señor Gonzales llevaban en sus manos? TRES ENORMES GLOBOS DE UNICORNIO, uno por cada año de sus tres años.

"¿De veras? ¡Guau!", Ana exclamó con una gran sonrisa.

Ana y sus amigos se mojaron, jugaron, y comieron pizza para celebrar su cumpleaños.

"Quiero mucho a mi familia y amigos", pensó Ana. "¡Pero nada se compara con los globos de unicornio!".

NOTA DE LA AUTORA

Es emocionante para los niños celebrar sus cumpleaños y tener familia a su alrededor. Espero que a través de este libro, los niños vean sus propias experiencias y emociones y se relacionen con ellas de una manera divertida y atractiva, sabiendo que la familia y los amigos los ayudan a crecer a través del amor y el cuidado.

GLOSARIO

Pan de polvo: Galletas tradicionales mexicanas que se preparan con canela y té de anís, harina, azúcar, manteca vegetal y sal. Uno de los nombres de estas galletas es "polvo" porque se desmoronan en la boca, y se hacen "polvo".

Bolsitas: Pequeños obsequios o golosinas que se entregan a los invitados al final de una fiesta.

Piñata: Una figura que tradicionalmente se hacía con una vasija de barro, pero ahora generalmente se hace con papel maché y se pinta o se cubre con papel brillante. La piñata se rellena tradicionalmente con dulces. Se coloca en una cuerda, se cuelga de una rama o poste alto y se golpea con un palo hasta que se rompe.

Pabellón cubierto: Una estructura que ha sido cubierta y se utiliza para eventos al aire libre.

Para obtener más información, visite: somosunollc.com

SOBRE LA AUTORA

La Dra. Rebecca A. Palacios Ph.D., NBCT es una educadora de toda la vida que busca aprender continuamente. Nació y creció en Corpus Christi, Texas. Fue incluida en el Salón Nacional de la Fama de los Maestros en 2014. La Dra. Palacios tiene cinco hijos y 12 nietos. Ella y su esposo, Adelfino, también tienen un gato juguetón que se llama Al. A la doctora Palacios le encanta la jardinería, pero no le gustan los mosquitos.

SOBRE LA ILUSTRADORA

Virginia Allyn ha ilustrado más de dos docenas de libros para niños y casi ochenta mapas para novelas. Vive cerca de la montaña Blue Ridge y disfruta coleccionar libros, hacer caminatas y comer todas sus verduras (excepto los chícharos).